प्रस्तावना

साधारण मनुष्य के जीवन के मर्म को समझ, सादगी से कागज पर उकेरना, शायद यही वो कला है आपकी, जो सब के दिल को छुएगी |

कविता सिंह, हिन्दी विभाग
आर्मी पब्लिक स्कूल

प्रिय संतोष,

जब से मुझे ज्ञात हुआ कि आपकी रचनाएं पुस्तक में तब्दील होनेवाली है, मैं बहुत उत्साहित हुआ | आपकी रचनाओं को पंख मिल गए | अब हर व्यक्ति इनको पढ़कर अपनी दुनिया, एक अलग नजरिए से देख पाएगा | मैने जीवन के महत्वपूर्ण पल आपके रचनाओं को व्हाट्सप्प पर पढ़ते – गुनगुनाते बिताए | आपकी कविताओं को और बारीकी से पढने के इंतज़ार में .. आपका मित्र..

मुश्ताक हुसैन शरीफ ,भारतीय नौ सेना अधिकारी(पूर्व)
गोपालपुर, गंजम, उड़ीसा

प्रिय मित्र संतोष,

आप विद्रोही है| इस बात से हम सहपाठी कक्षा पाँच से ही अवगत हैं | आपकी स्पष्टवादिता, पारदर्शिता तथा जीवन के प्रति दृष्टिकोण में अमूल्य परिवर्तन लाने योग्य भावों को पढ़कर, मैं अति प्रसन्न हूँ |

अमित चक्रवर्त्ती, सेंट्रल बैंक ऑफ इंडिया,
आसनसोल, पश्चिम बंगाल

मित्र संतोष,

तुम्हारी कविताएं पढ़ी | आकर्षक और अनुपम | हमें मिले शायद 25 साल हो गए | इस अंतराल व्हाट्सप्प पे भेजी तुम्हारी कविताऐं स्कूली अल्हड़पन और विद्रोही मनोभावों की याद दिलाता रहा है |

रवि कान्त सिंह, हेड ऑफ ओपेरेसन्स, सिंडवे लिफ्टस ज़ाम्बिया

चेतना जब अनुभव और अध्ययन के बीच जिज्ञासा कुल होकर परम साक्षात्कार के लिए छटपटाने लगती है तब ज्ञान का आयाम उभरता है | इसी चेतना की स्थिति में संतोष, तुम्हारी रचना की उत्पत्ति हुई है | बड़ा ही खोजपूर्ण एवं अनुभव से ओत प्रोत | हर खोजी को इसे एक बार जरूर पढ़ना चाहिए | मंगल कामनाओं के साथ ..

शिव नारायण सिंह
मास्टर – एट – आर्म्स (पूर्व)
हैदराबाद, आंध्र प्रदेश

जिन कविताओं को विडिओ काल करके, तो कभी आधी रात में जगा के, आप रोमांचित हो सुनाया करते थे, आज जोरबा प्रकाशन के पटल से उसकी उड़ान हो रही है | इंशा अल्लाह, आगाज मुबारक हो |

फिरोज अहमद बेग, राज्य शिक्षा
विभाग, जम्मू और कश्मीर

बधाई हो | आने वाला समय तुम्हारा है| अपने कलम के स्याही से यूं हीं नए रंग भरो | आगे बढ़ते रहो |

निशांत कुमार, आईटी प्रोफेशनल
पुणे, महाराष्ट्र

काव्य की रचना यदि वीर जाँबाज ने किया हो तो यह काव्य की पैठ को परखने का पैमाना हो सकता है | 'राख़' की रचना, दर्शन के साथ-साथ बीमारू व्यवस्था के ऊपर कुठाराघात है | वास्तव में, यह पंक्ति में खड़े आखिरी व्यक्ति की कुंठा को प्रतिबिंबित करता है |

अशोक कुमार सिंह 'अकेला'
मोहिउद्दीन नगर, बिहार

एक मुट्ठी राख

संतोष सिंह 'राख़'

ZORBA BOOKS

ZORBA BOOKS

Publishing Services by Zorba Books, November 2020
Website: www.zorbabooks.com
Email: info@zorbabooks.com

Zorba Books Pvt. Ltd. (opc)
Sushant Arcade,
Next to Courtyard Marriot,
Sushant Lok 1, Gurgaon – 122009, India

||ॐ||

नक्षत्रों के श्रीमंत
सहस्र सूर्यों के स्वामी
ब्रह्मांड नायक महाप्रभु श्री रामलाल जी महराज
के श्रीचरणों में सादर निवेदित

विषय-सूची

एक मुट्ठी राख

एक मुट्ठी राख

एक मुट्ठी
राख हूँ मैं,
चन्द वासनाओं में
जला भुना।
पतझड़ का
शाख हूँ मैं
तृष्णाओं के तृण में
फला फुला।

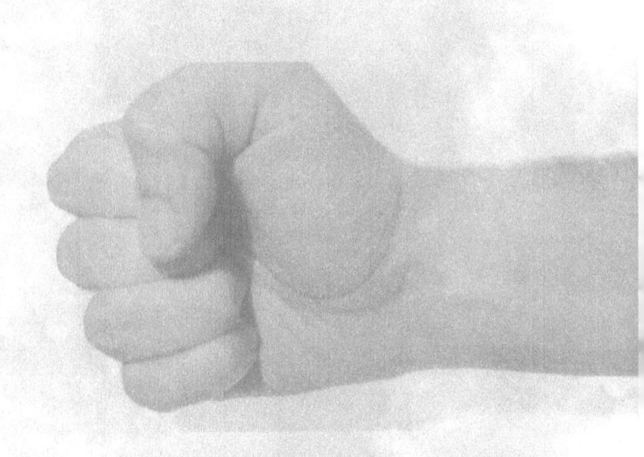

स्वार्थ के रथ पे
खूब चढ़ा,
कभी फिसला
कभी गिर पड़ा।
क्षितिज से लंबी
हो मेरी बाहें,
हसरत में कटे दिन

हर शाम ढला।
एक मुट्ठी
राख हूँ मैं,
चन्द वासनाओं में
जला भुना।
पतझड़ का
शाख हूँ मैं
तृष्णाओं के तृण में
फला फुला।

लालसा के
व्योम में
बन सिकंदर
मैं उड़ा,
विषय कामना
के हवन में,
चंचल यौवन
झोंक चला।

जिद की पा लूँ
सर्वस्व चुरा लूँ
बन कुबेर
हर लंका
उड़ा लूँ।
छल प्रपंच के

हथकरघे से,
लोभ का चादर
खूब बुना।

एक मुट्ठी
राख हूँ मैं,
चन्द वासनाओं में
जला भुना।
पतझड़ का
शाख हूँ मैं
तृष्णाओं के तृण में
फला फुला।

नहीं पता कब
झुर्रियों से,
मुख हमारा
भर गया।
केश श्वेत
मन शिथिल,
जीर्ण काया
सड़ गया।

अब बचें हैं
चार पल,
यम निमंत्रण
कर गया।
चलो पथिक
कहीं ओर चलें,
गंतव्य तुम्हारा
बदल गया।

ऐश्वर्य
वाहन
नृत्य गीत,
काल दन्त
में चूना।

एक मुट्ठी
राख हूँ मैं,
चन्द वासनाओं में
जला भुना।
पतझड़ का
शाख हूँ मैं
तृष्णाओं के तृण में
फला फुला।

छल है, छल है, छल है

छल है, छल है, छल है,
सब छल है, छल है, छल है |
जो आज है, वह कल है
फिर क्यूँ हृदय विकल है |
जो चल रहा यह पल है,
कल का हीं तो नकल है |
बस किरदार है बदलता
समय का प्रतिपल है |

छल है, छल है, छल है,
सब छल है, छल है, छल है |

सूरज का चढ़ना हिम पर
ललकारना जमीं को,
चिग्घारती घटा का
धिक्कारना नदी को,
सब व्यर्थ का गरल है
है यत्न यह तरल है,
चिर द्वन्द्व तमाशा यह
मारीच का जंगल है।

छल है, छल है, छल है,
सब छल है, छल है, छल है।
जो आज है, वह कल है
फिर क्यूँ हृदय विकल है।
जो चल रहा यह पल है,
कल का हीं तो नकल है।
बस किरदार है बदलता
समय का प्रतिपल है।

मन की बाँसुरी में
सुरों का जो महल है,
आकांक्षा की अग्नि
जलती वहीं प्रबल है।
भष्म हीं बचा है,
बस भष्म हीं बचेगा।
हथेलियों की नंगी

तू करतल ध्वनि सुनेगा।
रस्म यह पुराना
नहीं अभी का चल है।

छल है, छल है, छल है,
सब छल है, छल है, छल है।
जो आज है, वह कल है
फिर क्यूँ हृदय विकल है।
जो चल रहा यह पल है,
कल का हीं तो नकल है।
बस किरदार है बदलता
समय का प्रतिपल है।

शिवा का सती से
मिलना नहीं सरल है,
दक्ष है जमाना, उसकी
नियमावली अटल है।
परंपरा की खोखली
सब बांस की पोपलें हैं,
हवा नहीं है सोंधी
जहरीली कोंपलें हैं।
उबल रहा है हर पल
चहुं ओर हलाहल है।

छल है, छल है, छल है,
सब छल है, छल है, छल है।
जो आज है, वह कल है
फिर क्यूँ हृदय विकल है।
जो चल रहा यह पल है,
कल का हीं तो नकल है।
बस किरदार है बदलता
समय का प्रतिपल है।

रंगरेज नक्काशों से
पटा यह मलमल है,
मौका-ए-तलाशों का
ईजाद यह दल दल है।
धँसती यहाँ पे बस्ती
दिन रात मोहब्बत के,
झडतें हैं सबके आँसू
केवल लिखावट के,
रंगमंच है सजा बस
कठपुतलियों का
दल बल है।

छल है, छल है, छल है,
सब छल है, छल है, छल है।
जो आज है, वह कल है
फिर क्यूँ हृदय विकल है।

जो चल रहा यह पल है,
कल का हीं तो नकल है।
बस किरदार है बदलता
समय का प्रतिपल है।

परिवर्तन हीं प्रकृति का
स्वभाव का मंथन है,
किवदंतियाँ हैं सारी
मिथ्या यह कथन है।
कल का बीज, आज वृक्ष
बस सृजन का नर्तन है,
पुनरावृतियाँ हैं सारी
कुछ नया नहीं मंचन है।

छल है, छल है, छल है,
सब छल है, छल है, छल है।
जो आज है, वह कल है
फिर क्यूँ हृदय विकल है।
जो चल रहा यह पल है,
कल का हीं तो नकल है।
बस किरदार है बदलता
समय का प्रतिपल है।

अनंत अंतरिक्ष जो
माया का धरातल है,
काम क्रोध मोह यह
वर्चस्व का स्थल है।
रीतियाँ कुरीतियाँ जो
व्याप्त किलाबंद है,
मृत्यु को भुलाने का
सब ताम झाम प्रबंध है।
कामना का युग्म यह
सपाट हलचल है।

छल है, छल है, छल है,
सब छल है, छल है, छल है।
जो आज है, वह कल है
फिर क्यूँ हृदय विकल है।
जो चल रहा यह पल है,
कल का हीं तो नकल है।
बस किरदार है बदलता
समय का प्रतिपल है।

प्रकृति का पुरुष से
मिलना हीं सनातन है,
यात्रा जीव का शिव तक
एकमात्र देशाटन है |
प्रारंभ कल्प से हुआ
अनंत यह जतन है,
जीवन का प्रयोजन तो
बस ज्ञान का खनन है |
शेष छद्म कल्पित
कपाट चंचल है |

छल है, छल है, छल है,
सब छल है, छल है, छल है |
जो आज है, वह कल है
फिर क्यूँ हृदय विकल है |
जो चल रहा यह पल है,
कल का हीं तो नकल है |
बस किरदार है बदलता
समय का प्रतिपल है |

ईश्वर @ कोमल मुस्कान

आज से पहले
तुम्हें कभी मैंने
ईश्वर माना ही नहीं।
बड़ों के लाख
बताने पर भी
अभी तक तुम्हें
उस रूप में
जाना ही नहीं।

हाँ, पर इतना
जरूर है कि,

मंदिरों और गिरजा घरों की
घंटियों में,
मुल्लाओं की
सुबह सुबह
गला फाड़ कर तुम्हें
नींद से जगाने की
विधियों में,
तुम्हारे छिपे होने की
आशंका से,
जरूर मैं
आतंकित हो जाता हूँ।

मैं आतंकित
हो जाता हूँ,
उर्स के मेले में
तुम्हें चादर ओढ़ा
दम घोंटते
लकिरी फकीरों के
हरकतों से।

उन पंडितों से
जिन्होंने तुम्हें,
जमीन से गाड़
खूंटा बना
दो चार बीघा

बांध दिया है |
जहां गत वर्ष
फुटबाल का टूर्नामेंट,
बड़े हीं धूमधाम से
मना था |

पर सच कहूँ,
तुम कभी लगे नहीं,
शास्त्रों में वर्णित
उस अजनबी की तरह,
तड़ीपार किया था
खुद को जिसने,
गले में उतार
छल छल हलाहल |

तुम तो उमराओ जान
में फिल्मित
फारुख शेख की तरह
लगते हो,
हुक्के का पाइप
गुड़गुड़ाते हुए
एक कोमल मुस्कान
की तरह |

तूम अक्सर
पाए जाते हो
पूजा के पंडालों के
पीछे वाले शामियानों में।
जहां तुम्हें
सजाने के लिए
हाथ धोना
जरूरी नहीं समझा जाता।

और तुम सज भी लेते हो
बड़े चाव से,
फूल चाहे
किसी भी जात के
बागीचे का हो,
तुम हंस के
सज लेते हो।

तुम तो
सदैव मेरे साथ रहे
स्कूल के असेंबली में,
प्रार्थना या लंच ब्रेक में
खो खो खेलने के दौरान,
मुझे अर्जुन बना
चारों ओर
अपना स्वरूप को
मेरे दोस्तों में दौड़ाते।

तुम मिलते हो मुझे अक्सर,
नन्हीं झाड़ियों के
डालियों पे झूलते,
जिन्हें लघुशंका निवारण
के दौरान
देखा करता हूँ मैं
कौतूहल वश
पत्तियों में छुप के
तितलियों से करते बातें।

पर हां,
इतना जरूर है कि
फूलों की डलिया या टोपी पहन,
पंडित मुल्लों को देख
तुम बखूबी प्रीटेन्ड करते हो

ईश्वर बनने की।
एक दम सिरियस
जॉनी लीवर के पोज में
मन ही मन मुझे देख
थोड़ा खुद लजाते
थोड़ा मुझे हँसाते।

अब मैं बिल्कुल
पहचान गया हूँ
तुम्हें।

केवल भोग मेरे वश में

हे पिता !
मुझे मोक्ष का
मार्ग अब तू न दिखा।
न दिखा
सन्मार्ग का
गंतव्य का अंतिम शिखा।

रहने दे मुझे
काम के
बदनाम के
उपनाम में।

बूझते हुए सूरज के
सुबकते हुए
हर शाम में।

कि थक चुका हूँ
भागते, तुम्हें
आसमां में झाँकते,
अनृत अलिफ़
बाँचते,
अक्षरों में आँकते।

रहने दे मुझे
गर्त में
माया के सदावर्त में,
मैं कामी अधोगामी,
केवल भोग मेरे
वश में।
बस दिखा संभोग की
भरपूर तू
दीप्ति शिखा।

हे पिता !
मुझे मोक्ष का
मार्ग अब तू न दिखा।

गौण हुई मौन हुई
प्रार्थना तेरी
कामना।
पाषाण के इस
अंत: पूरी में
संभव नहीं तुम्हें साधना।

कि हाशिये पे हूँ खड़ा,
तेरे वृत के
गोलार्ध पे,
चींटियों सा रेंगता
चीनी का तेरे
स्वाद में।

कि रहने दे मुझे चारण
अपने चरणों का
तू अकारण।
वामी है मेरी भाषा
अखबारी है उच्चारण।
कि जड़ है मेरी बुद्धि
क्या जानू नियम शुद्धि,
क्या जानू कर्म कांड
गूढ़ व्याकरण की गुत्थी।
न दिखा मुझे
यातना से
पूर्ण अपनी दर्शिका।

हे पिता !
मुझे मोक्ष का
मार्ग अब तू न दिखा।

बंधनों से मुक्त
होना चाहता मैं नहीं,
द्वन्द्व में फंसा रहूँ
एकमात्र मेरी तृष्णगी।
करता रहूँ तुम्हें याद
दिन रात
सुबह शाम मैं,
तेरी वासना में क्षुब्ध
पागलों सा बेलगाम मैं।

कल्प से चला हूँ
निर्विकल्प फिर भी
कल्प में,
मकरंद चूसना तेरे
चरणों के
दृढ़ संकल्प में।

कि कालयापन
चाहता हूँ
करना हर हाल में,

अश्वथामा की तरह
यायावरी हर काल में।
न दिखा
उन्मुक्त होने की
निगोरी कल्पना।

हे पिता !
मुझे मोक्ष का
मार्ग अब तू न दिखा।

तेरे चौखटों से दूर
सीढ़ियों पे
जो जगह है,
वहाँ बैठ तुझे घूरना
उसका अपना एक
मजा है।

कि रस माधवी का तेरा
यूं हीं पियूँ
मैं छुपकर,
हर बार जन्म लूँ मैं
हर बार
यूं हीं मर कर।

हूँ जानता
घिरा है तू
खास धुरंधरों से,
यम नियम
ध्यान के
अभिजात पुरंदरों से।

मुक्त उनको कर दे
जो हैं तेरे
अभिलाषी,
मैं तपता हुआ
मरुवन
न बुझेगा प्यास कदापि।

एक इल्तजा है मेरी,
है इतनी सी
इबाबत।
पतंगा हूँ मैं तेरा,
हे दीप !
दे इजाजत।

जब कभी मुँदूँ मैं
आँख अपनी
अंतिम,
चहकूँ बन नया मैं

तेरा ही एक प्रतिबिंब।
बस रहने दे सीढ़ियों के
अपने ठोकरों में
गुमशुदा।

हे पिता!
मुझे मोक्ष का
मार्ग अब तू न दिखा।
न दिखा
सन्मार्ग का
गंतव्य का अंतिम शिखा।

अमृत पुत्र

गर अमरत्व ही मनुष्यता की
भाग्य का है त्रिज्या,
फिर क्यूं न रचें अमृत पुत्र
इतिहास एक फिर नया ।

सशक्त पूर्वजों ने जांच
मार्ग जो प्रशस्त किया,
देवत्व होने की यही
मापदंड और क्रिया।

कि नीव हिलता है आज
मनुष्यता की रीढ़ की,
स्वर्ग को जिसने कभी
पुरूषार्थ से सुदृढ़ की।

क्यूं निबद्ध है तू जात धर्म
स्वाद के परिहास में,
ना भूल सूर्य एक है
सब के लिए आकाश में।

शिथिल शांत और क्लांत
क्यूं डूबता है शोक में,
इज़ाद कर नई धमनियां
अकर्मण्यता की कोंख में।

शानो पे चढ़ा के शान
तू धैर्य धर हे कमान,
तू सभ्यता की ध्वज दंड
तू ही स्रष्टा की आन।

मन की तंत्रिका पे तू
शान्ति संधान कर,
भूखी प्यासी इन्द्रियों को
संयम का संज्ञान कर।

तू सौंप दे कुछेक दिन
कुछेक रात शोध में,
पगडंडियों पे घूमती
कोरोना के अवरोध में।

है लंकिनी वह फैलती
विकराल गाल खोल के,
हवा में विष घोलती
तत्काल ताल ठोक के।

न पूछती तू जात कौन
धर्म कौन, कौन प्रान्त,
तू हाकिम है या मजूर
या है कोई मणिकांत।

मृत्यु वाहिनी है काल
संगिनी है सोच ले,
आलस्य त्याग हे मनुष्य
वजूद अपनी टोह ले।

नोंच ले घटाओं को
जो कालकुट सींचते,
अरि अदृश्य घूमते जो
हम सबों के बीच में।

कि युद्ध है महाविकट
शत्रु है अप्रकट,
स्वच्छता एकमात्र उसकी
मृत्यु का है घटक।

कि थाम ले तू मोर्चा
अपने हीं निगहेबान में,
मृत्युंजय कहलाएगा जब
रखेगा इसे संज्ञान में।

गर अमरत्व ही मनुष्यता की
भाग्य का है त्रिज्या,
फिर क्यूं न रचें अमृत पुत्र
इतिहास एक फिर नया ।

अर्थहीन आत्मदाह

अर्थहीन लगते हो
सूरज तुम
और तुम्हारी सल्तनत।
तुम्हारा जलना
बुझना और
राख में तब्दील हो,
वृहत आकाश में बिखर जाना।
पूरी तरह नेस्तनाबूत
निशा के नशे में
यूं खुदफ़रोश होना
अर्थहीन है।

ये चलते पवन
बहती नदियां,
आड़े तिरछे पर्वतों से
लदी यह धरती,
तुम्हारा यह पूरा कुनबा
एक मौसमी स्वार्थ
और तुष्टिकरण में,
स्वयं को तल्लीन
रहने के अलावा कुछ भी नहीं ।

और हद तो तब
हो जाता है,
जब एक छटांक बादल का
वातानुकूलन चाट,
तुम अपनी नजरें
बदल लेते हो ।
भूल जाते हो
किसी ने अभी अभी
गोद में उठा, चूम
तुम्हें बोया था खेतों में
अपने घुटनों के साथ ।

भूल जाते हो
उन जंघाओं के कंपन को,
महसूस किया था तूने
तपती हथेलियों से,
कल हीं दोपहर
बांस के झोंपड़े में
डाल अपनी हाथ।

होने का तुम्हारा
कोई मतलब नहीं बनता
जब तुम्हारे,
गर्मियों का वजन
घट कर पच्चीस ग्राम
रह जाता है,
ऊंची मीनारों के
बालकनी में बैठे
दलपतियों के पायदानों में।

विपरीत
सोया पुरुषार्थ तुम्हारा
कुलांचे मार टूट पड़ता है,
अबोल स्याहियों के
हस्ताक्षर पर।
जिनका अभी अभी
कागजों में

आवास योजना का
सरकार ने किया है
उद्घोषण।
टूट पड़ते हो
अपने गुर्गों के साथ,
काले नमक से बने
उन उरोजों पे,
जिन्हें बमुश्किल ढँक पाती है,
सड़क किनारे कपड़े बदलती,
किसी की गुड़िया
किसी की पद्मिनी,
आह! राह चलते
मुसाफिरों के
हिकारती नजरों में
प्रतिपल करती आत्मदाह।

प्रकृति का प्रतिकार

है याचक
जो तू
तो याचना कर,
क्यूँ करता शक्ति
का अभिमान।
तू दंशहीन हुआ
अजगर अगरल,
न विष का तेरा
अब सम्मान।

है शौर्य मिटा
नभ नग का तेरे
भू तल का ले
तू कर संज्ञान,
शिलालेख
अभिलेख में दब गए
पुरखों के तेरे
वैभव गान।

जब समय का उलटा
पूरवा बहता
दिशा बदलकर
सीना तान,
एक एक कर
ढह जाते रथी सभी
धरे रह जाते दिव्य
सब तीर कमान।

धरी रह जातीं राशियाँ
अकूत जमा
ऐश्वर्य शक्तियां
अय्यारीपना,
जब खोल जटाएं
कालचक्र
आतुर हो

धरती तो हनना।

तब स्पष्ट
पता चलता
हे अर्जुन !
गाँडीव का तेरे
पिघल जाना,
चुपके से घरों में
छिप जाना,
द्रोपदी के लटों में
सिल जाना।

पुरुषार्थ का अर्थ
लाभार्थ नहीं,
दोहन केवल
बस स्वार्थ नहीं,
जिज्ञासा वश
जग विकृत करना
सभ्यता का
भावार्थ नहीं।

कि खोल कपाल
मल भाल जरा
है द्वार तुम्हारे
अब काल खड़ा।

नर मुंडों की
पहने माला
देखो खप्पर वाली आई
कोरोना के करनी
से अपनी
जिह्वा को वह
रंगने आई।

हे अर्जुन !
संभाल जरा
प्रकृति का
प्रतिकार जरा।
कि कण कण में
मातम बरसेगा
धरा आकाश के
मिलन के जैसा
प्रियतम को
प्रियतम तरसेगा।

न मेघदूत का
बचेगा बादल
न बचेगी नल की
दमयन्ती,
गालों से बह
चलेगा काजल,

आग काल जब
थूकेगा।
गिद्ध श्रृंगाल हर्ष
करेंगे कलरव
तब शमशान में
मनेगा उत्सव।

प्रगति का ऐसा
पराभव शायद
देख न पाए
तू संभव।
कि समय व्यर्थ न
कर मनुज तू
संयम का अब ले
थाम धनुष तू।

अथक रहा है
भागता अब तक
उन्नति के विध्वंसक
पथ पर।
अब खींच ले
लंबा पूर्ण विराम
कदमों में भर के
तू थकान।

बस क्षमा याचना
कर अवनी से,
क्रुद्ध है तेरी
जो करनी पे,
ले बांध घरों से
अपने तन को
बलि दे के
चौखट पे
मन को।

हल है इसका
एकमात्र सफल
अपना ले दूरी
दो हाथ केवल।

फिर देख कोरोना
करुणा में
खुद करती
खुद का ही संहार,
कि प्रसन्न हुई
कहाँ कोई माता
पुत्रों पे कर
खुद से प्रहार ?

उस जूठन का क्या

उस जूठन का क्या ?

दिया था तूने
शबरी सा,
मिला के
होंठों से अपने
गिरा के
होंठों पे मेरे,
प्रेम की
कर अमृत वर्षा,
उस जूठन का क्या ?

उस छुअन का क्या ?

तोड़ा था
जिसने मर्यादा,
किया था
जिसने ये वादा
पियोगी थोड़ी
तुम आधा,
पियूँगा थोड़ा
मैं आधा
पिघलते चाँद के जैसे,
टपकते ओस में
खुद को
नए उद्घोष में
तुमको
मिला सितारों के मनका,
उस छुअन का क्या ?

उस क्रंदन का क्या ?

बहा था अनवरत
बिन जल के
आँखों को
आँखों में डल के,
झुका के

रात की पलकें
निकलता
साँसों से तेरे
उद्विग्न आग की लपटें,
झुलसते हाँफ को मेरे
चिपक के
काँख में तेरे,
माथे को
कान्धे पे रक्खा,
उस क्रंदन का क्या ?

उस सिहरन का क्या ?

कंपा हो
बादल में जैसा
टूटा कोई
चाँद का टुकड़ा,
मिटा वजूदों को अपनी
बिछा हसरतों की टहनी
गिरा हया का
हर पत्ता,
लुटा भुवन का
वह अपना
कीमती संचित
हर सपना

जलाकर अपनी हीं चिता,
उस सिहरन का क्या ?

उस चुम्बन का क्या ?

दिया था
तूने प्यालों को
गर्म चाय के
गालों को,
स्वाद का कर के परीक्षण
मिठास का कर के अन्वेषन,
कहीं रूठे न
मेरा प्रियतम
छान के लम्हों के
कण कण,
मिला अदरक
उत्तेजक मन
हटा सीने से दुपट्टा,
उस चुम्बन का क्या ?

उस अंजन का क्या ?

लगाकर
चक्षु में प्रजा
कामार्त यक्ष सा रहता

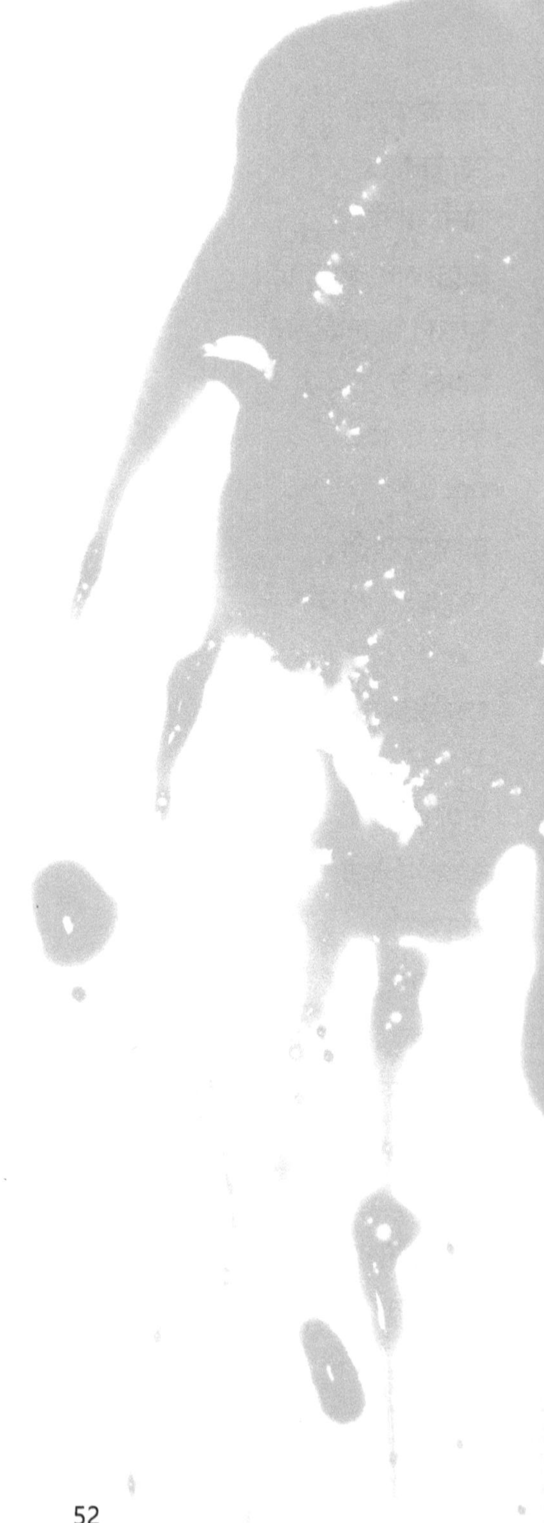

विकल वह यातना सहता,
शापित यक्षपति सा फिर
दूर अल्कापुरी में धीर,
विरह के बाणों से
रीसता
लहू से प्राणों को
सींचता,
पुन: मेघों से
वह कहता
प्रश्न पुछ आओ
अन्यथा
जाने क्या पूछ लूँ
और क्या,
उस अंजन का क्या ?

उस अंजन का क्या ?

सांसें चल रहीं हैं क्या ?

ऐ सल्तनत - ए - हिंदोस्तां
कुछ तो ले तू खबर,
सांसें चल रहीं हैं क्या ?
आवाम की कर ले फिकर।

शहर शहर हर गांव घर
मातम पसर रहा गदर,
बेखबर तू चैन से
सूप्त पड़ा क्यूं इस कदर।

भटक रहा है दर बदर
अपने हीं तेरे अपनों से डर,
तू हनक की आसमां से
अब तो जमीं पे उतर।

देख तेरे मजदूर वर्ग
और किसान खेत में,
बो रहें हैं रोटियां
तेरे ठोकरों की रेत में।

गिन रहें हैं सिसकियां
ले चार पैसे चेट में,
गिरवी रख के लाज़ अपनी
तेरे महत्वाकांक्षी आखेट में।

देख तेरा भविष्य
आज,
भूत को है
मुखर।

ऐ सल्तनत - ए - हिंदोस्तां
कर तो ले कुछ फिकर,
हल चल रहें हैं क्या ?
खेतों कीं तू ले खबर।

ऐ शहर के चाक चौबंद !
ऐ महल के रात रौशन !
मत भूल हर ईंट में,
वक्त इनका है दफन।

मत भूलना हर नक्शे के
हर चोट में इनका जखम,
ऐंठती अंतड़ियों का
भूख का है यह करम।

मत भूलना सीमेंट की
हर परत में छुपी,
एक परत उम्मीद की
एक परत में घुटन।

एक परत में जतन
एक परत में सपन,
एक मुट्ठी अन्न की
उपासना में कर तपन।

मत भूल गुरूर को तेरे
दिया इन्होंने हीं शिखर,
कृतघ्नता के नींव को
कर ना तू इतना प्रखर।

ऐ सल्तनत - ए - हिंदोस्तां
कुछ तो ले तू खबर,
पतीले चढ़ रहें है क्या ?
चुल्हे पे हर मजदूर घर ।।

संक्रमण काल का
विकराल बीतता पहर,
मनुष्यता है हारती
मनुष्यता से कर समर।

अजनबी ये लाश तो
पहले हीं गए थे बिखर,
प्रवासी कह जब तूने
लादा था जबरन रेल पर।

ऐ सल्तनत - ए - हिंदोस्तां
कुछ तो ले तू खबर,
लाशें चल रहीं हैं क्या ?
अब भी तेरे रेल पर ।

देख तेरे बैंक वीर
बिन ढाल कवच और तीर,
आदत युद्ध लड़ रहें हैं
बलिदान होने को अधीर।

प्रकृति के क्रोध कुंड में,
मृत्यु के महाकुंभ में,
शाखाओं में है डटे हुए
अक्षुण्ण कर्म पुण्य में।

ताख़ पर रख थकान
भूलकर घर मकान,
सरकारी योजनाओं को
दे रहें नित नए उड़ान।

पर शर्म आती है तुम्हारी
खोखली पुरुषार्थ पर,
नीतियों की दोगली, तेरे
अर्थ के यथार्थ पर।

हास्य होता है तेरे
मूढ़ता, व्यवहार पर,
तू कह न सका बैंक कर्मियों को
कोरोना का वॉरियर।

ऐ सल्तनत - ए - हिंदोस्तां
कुछ तो ले तू खबर,
श्मशान बनने लगा, तेरा
बैंक का हर परिसर।

डर तू डर हर बार डर
पोछ कर अपना सीकर,
निर्माण भारत का सफर
आसां नहीं है, मित्रवर।

मालूम है डंका बज रहा
आज तेरा पूरे विश्व भर,
पर ताक पीछे रुग्ण पड़ा,
कई अंग तेरा अब भी सड़।

सबका साथ, विकास सबका,
था इन्कलाब तेरा पहल।
पर कागजों के खेत में
कहां उगता है हसरत का फल ?

माना सुधार कई किए हैं,
एक और तो भूल सुधार कर !
हृदय में एक भाव से
सबको तुम स्वीकार कर।

ऐ सल्तनत - ए - हिंदोस्तां
कुछ तो ले तू खबर,
सांसें चल रहीं हैं क्या ?
नब्ज़ हमारी जांच कर।।

गाँडीव का पछतावा

हजारों रावण निकलेंगे
आज एक पुतला जलाने।

कुछ तो
तेरे शक्ल में
कई तो
मेरे शक्ल में।

पर उस रावण को
कौन जलाए
जो नस नस में

रीसता रहता है
मौका-ए-हालात हमेशा
हमको पीसता रहता है।

कभी सिस्टम
कभी विज़डम
कभी जात धर्म के
ओट में।
कभी भाषा
तो कभी अभिलाषा
तो कभी हथेलियों से
फिसलते वोट में।

लोकतंत्र का
बंदर देखो
कितना आज
इतरा रहा !
मुंह में राम
बगल में छुरी
बस जुमलों को
दर्शा रहा।

पर देख हाथरस का
करुण रुदन
नहीं सिहरन उसको

आ रहा।
खुलेआम लूटती
पुन: द्रौपदी पर कहो!
गाँडीव अब भी
क्यूँ पछता रहा?

ताल ठोक जंघाओं को वह
खुद को राम बता रहा।
एक निर्जीव खड़े
पुतले पर बस,
अपना पुरुषार्थ
जता रहा।

खुलेआम लूटती
पुन: द्रौपदी पर
कहो! गाँडीव
क्यूँ पछता रहा?

हजारों रावण निकलेंगे
आज एक पुतला जलाने।

कुछ तो
तेरे शक्ल में
कई तो
मेरे शक्ल में।

बिस्मिल थे, वे गिनती के

दधीचि सा गला हड्डी
मशाल – ए - लौ जलाए थे,
बिस्मिल थे, वे गिनती के
कफन को सेहरा बताए थे।

नशा बेजोड़ था उनका
क्या जाम – ए - दौर था उनका,
दफन कर मिट्टी में खुद को
तारीख – ए - हिन्द बनाए थे।

शरमाया था वो फांसी का
झूलता गोल सा छल्ला,
मनचले भ्रमरों ने जब अपनी
लब उनसे सटाए थे।

दीवारें और जंजीरें
लगीं दुलहन सी तब कंपने
वतन की सेज पर थकने
दीवाने चन्द आए थे।

न मुस्लिम थे, न हिन्दू थे
या थे भी, तो किसे पता,
जुनून- ए – हिन्द – ए - आजादी
जात अपनी बताए थे।

पर हुआ क्या चमन को आज
धुआँ कहां से आया है,
सुना है फिर हवाओं ने
जहर से हाथ मिलाया है।

कौमे फिक्र परस्ती में
जिन्होंने किया था सीना छलनी,
सुराखों को गिनाने का
किसी ने कागज़ मंगाया है।

निज़मत की ये पगडंडियाँ
नहीं हुई, इतनी कभी संकरी,
निजामों ने हमें फिर क्यूँ
जामा उल्टा पहनाया है |

लहरों में बँटीं है क्यूँ
नदी की हर दौड़ती कश्ती,
कफ़न को फाड़कर सबने
झण्डा अपना बनाया है |

बिस्मिल तुम न आना लौट
देखने अपनी वो गलियाँ,
सियासत के कारिंदों ने
वहाँ शर अपना उगाया है |

तमाशा हीं बनोगे तुम
खुदा के वास्ते मत आ,
नक़्शां हिंदोस्तां का सबने
अपना अपना बनाया है |

इक्कीस दिन लॉक बंदी के

इतना तो तय है
अगर जीवित बचे
तो बता पाएंगे
मुस्तकबिल सयानों को,
कि बंद होता भारत
हमने भी देखा है।

कि देखा है हमने
हवाओं को जमते
शतरंजी सड़कों के किनारे,
शह मात की बाजी लगाते

पेट के गड्ढों में।
जो विगत
इक्कीस दिनों से
भूख से बिलबिला रहे थे।

कि हमने देखें है
लटकती छातियों के
सूखते दूध का रूपांतरण होना
कंकड़ों में,
दूधमुहों के लिए जो अब
झुनझुने का काम आ रहे थे।

अपने जरूरतों को
फुसलाने का यह
बेसिक चैप्टर,
गर्भ में बैठे
अभिमन्यु की तरह नहीं,
ट्रैक्टर के पहिए पर बैठी उस
औरत के पीठ से बंधे होने
पर प्राप्त होता है,
जिसे ऑस्कर के लिए नामांकित
किया गया था एक बार
मदर इंडिया बताकर।

कि हमने देखें हैं
टमाटर और आलू
कैसे बदलते हैं अपनी औकात।
कि कल तक जिन्हें इरादतन
थाली में छोड़
बड़े चाव से,
गोभी और भिंडी को
चुन लिया जाता था,
अब अदब से उन्हें परोसा
और एक्स्ट्रा डिमांड पर
उसकी गुणवत्ता और
संक्षेप में
उसके ग्रहण करने के
फायदे बताए जा रहे थे।
इस बंदी के दौरान।

कि हमने देखे हैं
हाथ मांजने वाले साबुनों
और सेनेटाईजरों के
बदलते भाग्य।
उपेक्षित रहते थे जो कभी
गुसलखाने के सीढ़ियों पे,
काई लगी साबुन दानी या
तख्तों के दलदली में कराहते।
कि नहाने का साबुन समझ

मात्र छू लेना भी जिनको
समझा जाता था पाप।

कि महज इक्कीस दिनों ने
धरातल पर उतार फेंकी है
रूपैइयों की हनक।
और हनक
उसकी तस्वीर की
बटुए में पड़ी जो
मेरी तकदीर थी।

कि सत्ता का हस्तांतरण
हो चुका था अब,
तस्वीर की जगह
टिश्यू पेपरों और सेनेटाईजरों ने
संभाली है कमान,
हर हाईनेस
लेडी कोरोना के सेवार्थ।

कि हमने देखें है
इस लॉक बंदी को,
सैंतालीस की याद दिलाते।
अपने घोंसलों को पलायन करते
अपने हीं घोंसलों से,
कंधे पे लादे

बीबी की लाज
माता का दूध
और हाथों में थामे
लड़खड़ाते भविष्य की
थकी मांदी पुतलियों से चिपके
चंद सपने बुदबुदाते
पक्षियों को।

जो सिस्टम के द्वारा
बांटे जाने वाली चंद
रोटियों की गिनती के सिवा
कुछ भी नहीं ।
ईश्वर को मानने वालों का
सीना गर्व,
और न मानने वालों की सांसें
दोनों फूल रहीं हैं आज।

फूलने का यह क्रम
एक एक रन, चुराने के जुगत में
आउट और नोट आउट के
कागार पर खड़े,
थर्ड अंपायर को
बेबसी से देखते उन
बल्लेबाजों की तरह हो गई हैं,
जिन्हें बमुश्किल मिला था मौका

इस टेस्ट में
राहुल द्रविड़ के गत
कुछ मैचों में तबातोड
सेंचुरीयां लगाने के पश्चात।

जिंदगी का कैरियर भी
लेडी कोरोना के उंगलियों पे
टिका है आज,
न जाने, थर्ड अंपायर
कब उंगली उठा
किसे आउट करार दे
बुला ले, पैविलियन में।

आवश्यकता ही
आविष्कार की जननी है।
कितनी आवश्यकता
कितना आविष्कार,
हमारे मार्गदर्शक मंडल
तय नहीं कर पाएं है
अभी तक।

देर से सही
टीवी चैनलों का डिबेट,
मानव मानसिकता से पलायन हो,
पलायन होती

मानव बौद्धिकता पे
अटक गईं हैं आज
इस लॉक बंदी के दौरान।

बहुत दुख
और कुछ खुशी का महौल,
कदम मिलाने का
भरपूर प्रयास
कर रहें है आज ।
प्रकृति के संतुलन का
ट्रेलर तो नहीं
टीजर जरूर दिख रही है आज।

वायु प्रदूषण का ग्राफ
लगभग ज़ीरो होने को है,
संसाधनों का दोहन
अधुरे होने को है ।
राहु का संक्रमण काल
पूरे रवानी पर है,
लंबी पारी से सबको
हैरान कर देने वाली, कोरोना
वर्ल्ड रिकॉर्ड बनाने की तैयारी पर है।

जन धन खाते फिर
सरकारी अनुदानों से
लबालब हो चुके हैं।
शायद प्रधान मंत्री की
दूरदर्शिता की रामझ अब
सबको आने लगी है,
संदेहास्पद दृष्टि से
जिन्हें देखा गया था,
इस योजना के शिलान्यास के दौरान।

कि जिंदगी भी अब
स्कोर बोर्ड की तरह
रन प्रति ओवर से
रन प्रति बॉल लगने लगी है
इस बंदी के दौरान।
और हम सभी व्यस्त हैं
मोबाइलों में
ऐप डाउनलोड कर
" को   रो ना "
क्या करना ?
क्या ना करना ?
रिकॉर्ड करने में।

"अगर अनावश्यकता हीं
विनाश की जननी है !"
तो फिर इसके
पिता कौन हैं?
 हम सब व्यस्त हैं
ढूंढने में
इस लॉक बंदी
के दौरान।

घास

अक्सर
सड़कों पे
जमीं घास,
नहीं होती हैं
आवारा बेहया।
नहीं वे होतीं हैं
बरकतों में
मांगे गए,
रसूलों के मेहर।

वे तो
हादसों के जने
करमजलें
होतें हैं पौधे।
उग आए
खेतों में,
फसलों के
बाइ प्रोडक्ट के जैसे।

नतीजतन जिन्हें
खर पतवार
का नाम दे,
उखाड़ फेंकता है
किसानी हाथ,
मेन स्ट्रीम के
फसलों के
भरण पोषण के
कल्याणार्थ ।

वे तो
जवाब हैं
उन चिट्ठियों के,
बादल ने लिखा था
धरती के नाम
बेलगाम
अनाम |

जिन्हें बावजूद
दलदली के
और सड़न के,
अंक स्पर्श
कराती है धरती
निर्माण कर
एक मुस्कान |

और सीने में
साट कर रखती है
बंदरिया समान,
अनभिज्ञ,
चिट्ठियों के
अक्षरों से अनजान |

भविष्य की ताबीज

हे दीप
जंबुद्वीप के
तुम वृक्ष वही
सींच दो,
बोया था जिसे
राम ने
सींचा था जिसे
कृष्ण जो।

मर्यादा का
एक कर वहन
प्रेम में
एक कर तपन,
करुणा को
कर्म में मिला
दिया धर्म की नई
सीख जो।

पिया जगत का
विष जो
बचा के सारे
विश्व को,
परंपरा पे
मर मिटे
तुम भीष्म हो
दधीचि हो।

हे दीप
जंबुद्वीप के
तुम वृक्ष वही
सींच दो,
बोया जिसे
सुभाष ने
भगत हो तुम
हमीद हो।

मत भूलो
तुम फूल हो
पराधीनता के
कूप का,
जहां पली
स्वतंत्रता
नोक पे
बंदूक का।

ले कर बढ़ो
वह काफिला
विरासत में जो
तुमको मिला,
बड़ी मुश्किलों से
है मिला
मिल हंसने का
यह सिलसिला।

हे दीप
जंबुद्वीप के
तुम वृक्ष वही
सींच दो,
बोया जिसे
अशफाक़ ने
तुम आजाद हो
अरविन्द हो।

आरंभ हो
एक बुद्ध की
मीमांसा के
युद्ध की,
उत्तेजना में
ना बहे
रक्त किसी
शुद्ध की।

हो स्वीकार ऐसे
पंथ की
इंसानियत के
ग्रंथ की,
बालकों सी
तोतली हो
अलिफ़ जिसके
मंत्र की।

हे दीप
जंबुद्वीप के
तुम वृक्ष वही
सींच दो,
बोया जिसे
कलाम ने
सुकोई हो तुम
मीग हो।

राष्ट्र के हर
ईंट में
टीका कर
अपने पीठ को,
भूला के जात
धर्म और
स्वार्थ के हर
रीत को।

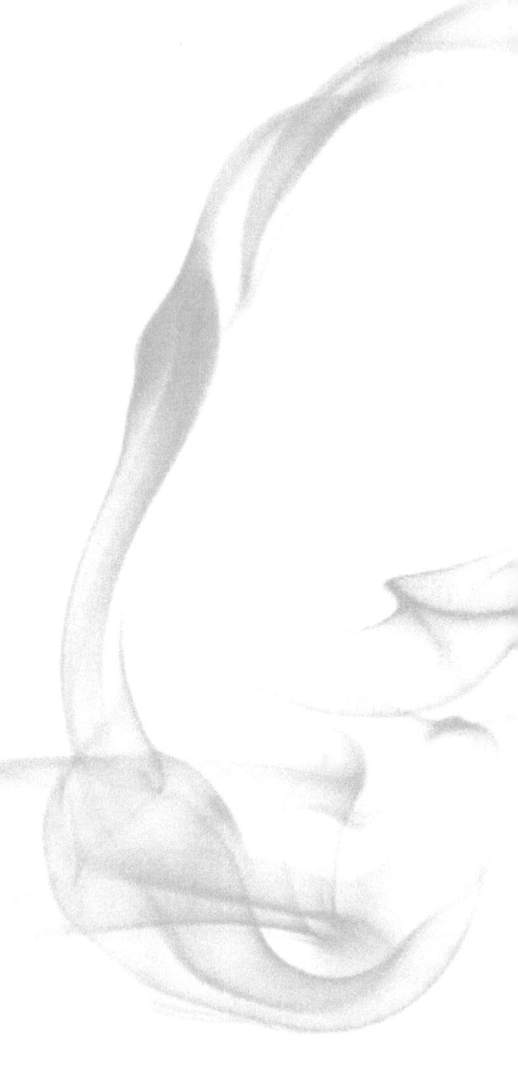

संभावना की
बीज तुम
भविष्य की
ताबीज हो
मनुष्य हो
मनुष्यता के
नींव पे
काबिज हो ।

हे दीप
जंबुद्वीप के
तुम वृक्ष वही
सींच दो,
तिरंगे में
लिपटा हुआ
तुम इस देश की
तहजीब हो ।

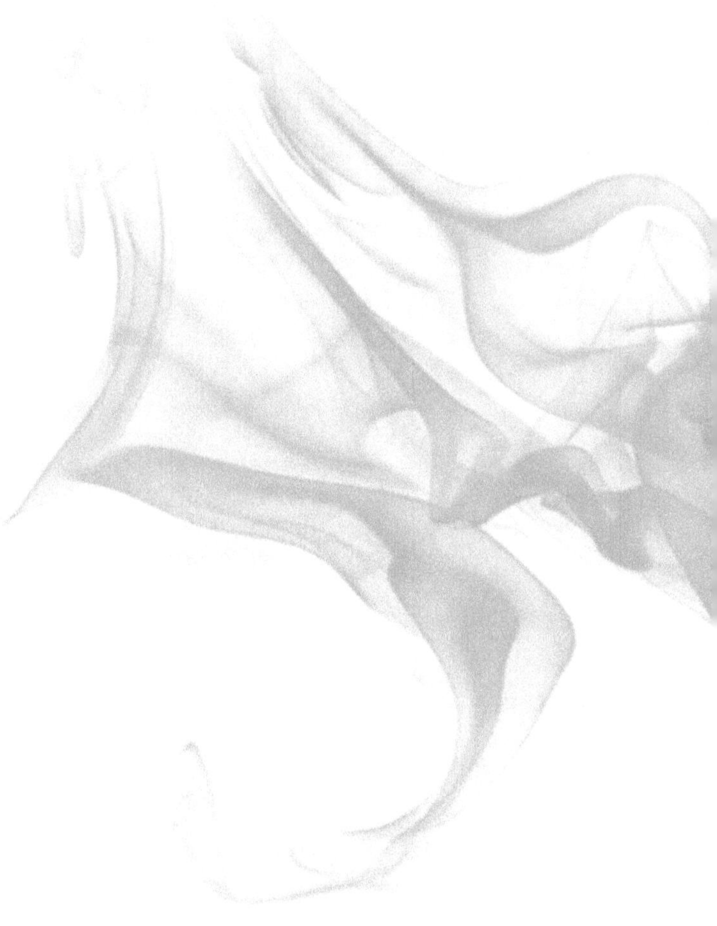

शेष एक प्रकाश तू

भटक रहा है
जिस क्षितिज पे,
कर रहा तलाश तू ।
बुझ चुका है सूर्य अब,
न कर व्यर्थ
वहां प्रयास तू ।

भीड़ है
बचा खुचा,
चंद जुगनुओं का राज है ।
क्या सुबह फिर आएगी ?

ना लगा वहां
कयास तू।

आखेट पर निकल पड़ा
जो नए पंख ले
पसार तू
सूख गए किसलय कमल वहां
बस खिल रहें
पलाश फूल।

गुमराह हुआ
जिन मंजिलों पे
अनजाने अनायास तू।
मत बांध पूल स्वेद के
ऐ दिशाहीन !
आकाश तू।

तू थक चुका है भाग कर
कई देवों का
श्रृंगार कर ।
अब सांस ले तू थम जरा
ले कर थोड़ा
विश्राम तू।

बेचैनियों को बेचकर
जो कर रहा
व्यापार तू ।
है जिंदगी यह कीमती
न कर इसे
बेकार तू।

निगल चुका
तम ने सर्वस्व,
अब शेष एक प्रकाश तू।
लौट आ पुन:
कश्तियों में
बनकर नया पतवार तू।

छोड़ साधना
अपने ध्येय को,
औरों के मापदंड से।
हर बार चूक जाएगा
अवसाद में
उदास तू।

वसंत तो छला किया,
पतझड़ से
अक्सर स्वांग कर ।
तो क्या हुआ जो लूट गया

सपनो का तेरा
हर नगर।

तो क्या हुआ जो क्षुब्ध है,
तू रुष्ट है
सब हार कर ।
उठ झाड़ मांशपेशियां,
संभावना नई
स्वीकार कर।

देख मौके और हैं,
तेरे गंतव्य
के राह में ।
ध्रुव बनने के तेरे
बाल सुलभ
हर चाह में।

वक़्त अब भी है
निकल ले,
धीर तू आखेट पर ।
व्यूह तोड़ने की अपनी
जिद की हर
आक्षेप पर।

तू तोड़ दे
हर भ्रांतियां,
मर्यादा किंवदंतियां ।
परंपरा की खोखली
भीष्म सी हर
पंक्तियां ।

तू रौंद दे
सब रूढ़ियां,
प्राचीन प्राक ड्योढ़ियां ।
जो रोकतीं हों
क्रांति की,
ओज पूर्ण त्योरियां।

तू नींव रख
एक शिव की,
फिर से उस गांडीव की ।
धर्म की जो कर शपथ
हक न्याय की
जो छीन ली।

सृजन तू कर
एक देव की,
अपने सा संदैव की ।
मृत्यु का न कर वरण

थक हार कर
हताश तू।

एक आस
जग गई है तेरी,
विप्लवित इनकार पर।
अपनी अस्थियों को राख कर,
खुद को कर ना
यूं प्रवाह तू।

9 789390 011766